BEI GRIN MACHT SICH IHR WISSEN BEZAHLT

AF136452

- Wir veröffentlichen Ihre Hausarbeit,
  Bachelor- und Masterarbeit

- Ihr eigenes eBook und Buch -
  weltweit in allen wichtigen Shops

- Verdienen Sie an jedem Verkauf

Jetzt bei www.GRIN.com hochladen
und kostenlos publizieren

Global Sourcing. Neue Potenziale durch die Beschaffung von IT-Dienstleistungen aus dem indischen Markt

Felix Henkel

Bibliografische Information der Deutschen Nationalbibliothek:

Die Deutsche Nationalbibliothek verzeichnet diese Publikation in der
Deutschen Nationalbibliografie; detaillierte bibliografische Daten sind
im Internet über http://dnb.d-nb.de abrufbar.

ISBN: 9783346557704
Dieses Buch ist auch als E-Book erhältlich.

Druck und Bindung: Books on Demand GmbH, Norderstedt Germany
Gedruckt auf säurefreiem Papier aus verantwortungsvollen Quellen

Das vorliegende Werk wurde sorgfältig erarbeitet. Dennoch
übernehmen Autoren und Verlag für die Richtigkeit von Angaben,
Hinweisen, Links und Ratschlägen sowie eventuelle Druckfehler keine
Haftung.

Das Buch bei GRIN: https://www.grin.com/document/1159769

Global Sourcing - neue Potenziale durch die Beschaffung von IT-Dienstleistungen aus dem indischen Markt

Modul: Strategisches Beschaffungsmanagement II

Hochschule Niederrhein

Fachbereich Wirtschaftswissenschaften

Studiengang Master Business Management

Wintersemester 2020/21

Inhaltsverzeichnis

Abkürzungsverzeichnis

Abkürzung	Bedeutung
Abs.	Absatz
bspw.	beispielsweise
bzw.	beziehungsweise
ca.	circa
ebd.	ebenda
etc.	et cetera
f.	folgende
ff.	fortfolgende
gem.	gemäß
Hrsg.	Herausgeber/in
i. d. R.	in der Regel
i. H. v.	in Höhe von
Mio.	Millionen
Nr.	Nummer
o. D.	ohne Datum
S.	Seite
u. a.	unter anderem
usw.	und so weiter
vgl.	vergleiche
z. B.	zum Beispiel

Abbildungsverzeichnis

Tabellenverzeichnis

1 Einleitung

Das steigende Ausmaß der Globalisierung und der daraus resultierende konkurrierende Wettbewerb führt dazu, dass sich Unternehmen in einem komplexen Umfeld wiederfinden.[1] Der zunehmende Druck auf dem Markt kann jedoch auch nachhaltige Wettbewerbsvorteile mit sich bringen, die es für Unternehmen zu sichern gilt. Mit der zunehmenden Fokussierung auf die eigenen Kernkompetenzen können die angesprochenen Vorteile erreicht werden. Die Wertschöpfungstiefe kann reduziert werden, indem Aktivitäten, die keine Kernkompetenzen darstellen, ausgegliedert werden.[2] Aufgrund der veränderten Rahmenbedingungen gewinnt die Beschaffungsfunktion in den Unternehmen an Bedeutung und stellt für den Unternehmenserfolg einen ausschlaggebenden Bestandteil dar. Für die Beschaffungsfunktion an sich bedeutet das einen Anstieg der Aufgaben in Form von Komplexität und Umfang. Die Versorgungsfunktion stellt in der Beschaffung eine Kernaufgabe dar und wird um strategische Ansätze ergänzt.[3] Ausschlaggebend hierfür sind bspw. kürzere Lebenszyklen, sinkende eigene Wertschöpfungstiefen, steigender Kostendruck und technische Innovationen etc..[4] Bei einer sachgemäßen organisatorischen Umsetzung der Beschaffungsfunktion können sich jedoch auch erhebliche Einkaufspotenziale realisieren lassen. Um die Einkaufspotenziale zu erreichen, muss die Beschaffungsfunktion strategisch hinreichend ausgerichtet und auf dem Beschaffungsmarkt verankert sein.

Ein elementarer Bestandteil im Beschaffungsprozess ist das Einholen von Angeboten. Ausschlaggebende Aspekte für den Erfolg einer von der Beschaffungsfunktion durchgeführten Anfrage sind strategische Grundsatzentscheidungen, wie z. B. der Region und der Aufteilung des Beschaffungsumfanges für den Lieferanten. Bei der Anfragedurchführung führen die strategischen Grundsatzentscheidungen zu Sourcing-Strategien, welche berücksichtigt werden müssen.[5]

1.1 Motivation

Aus den oben genannten Gründen liegt die Intention dieser Arbeit darin, eine Ausarbeitung einer Sourcing-Strategie für IT-Dienstleistungen aus dem indischen Markt durchzuführen.

---

[1] Vgl. Distelzweig, A. (2014), S. 1.
[2] Vgl. Entchelmeier, A. (2008), S. 1.
[3] Vgl. Priontek, o, J., o. S.
[4] Vgl. Weigel, U. (2013), S. 2 ff.
[5] Vgl. Schuh, G. (2013), S.17.

Aufgrund des immer wieder in der Berufswelt thematisierten IT-Fachkräftemangel,[6] ist es uns bedeutsam herauszuarbeiten, wie dieses Defizit mit Hilfe von Global Sourcing mittel- und langfristig gedeckt werden kann. So beabsichtigen wir in der vorliegenden Arbeit aufzuzeigen, welche Sourcing-Dimensionen und Entscheidungskriterien für eine internationale Beschaffung von IT-Dienstleistungen zu beachten sind.[7]

1.2 Aufbau der Arbeit

Damit die Umsetzung einer Sourcing-Strategie gelingt, werden zunächst die grundlegenden theoretischen Inhalte eingegrenzt, vorgestellt und erläutert.

Anschließend werden die verschiedenen Gesichtspunkte, bestehend aus relevanten Kriterien für die Beschaffungsfunktion analysiert. Zur Beantwortung von strategischen Grundsatzentscheidungen in der Beschaffungsfunktion gehört in erster Linie die Erfassung, Bewertung und Gewichtung von quantitativen und qualitativen Faktoren. Aufgrund der vielfältigen Variationen von Ausprägungen und möglichen Ansätzen, wird in dieser Arbeit eine umfangreiche Beschaffungsmarktanalyse mit festgelegten Bewertungsmerkmalen durchgeführt.

Im Anschluss wird die, für den Lösungsansatz maßgebliche Methodik definiert und beschrieben. Auf dieser Basis wird der Lösungsansatz zur Bestimmung einer möglichen Best Practice Sourcing-Strategie aufbauen. Anschließend folgt insbesondere daraus die Untersuchung der unterschiedlichen Sourcing-Dimensionen. Zur strategischen Entscheidungsgrundlage werden die Sourcing-Dimensionen mit seinen Vor- und Nachteilen konkret analysiert und bewertet.

Den Schluss der Arbeit bilden die Zusammenfassung sowie das Fazit mit der Bewertung eines möglichen Lösungsansatzes.

---

[6] Vgl. Handelsblatt (2020).
[7] Dazu erfolgt ebenfalls die notwendige Markanalyse.

2 Sourcing-Strategien

Das Kapitel der Sourcing-Strategien befasst sich mit den theoretischen Grundlagen der Sourcing-Dimensionen, ihre Ausprägungen sowie die daraus abgeleiteten Bewertungskriterien. Auf die in der Arbeit eingegangen Bewertungskriterien sind nicht allumfassend. Sie sollen ausschließlich Einblick über die mögliche Anwendung geben und werden anhand eines Best-Practice Beispiels näher analysiert und bewertet.

2.1 Definition und Begriffsbestimmung

„Sourcing" beinhaltet alle „Aktivitäten, die zur Versorgung für die betriebliche Leistungserstellung notwendigen Wirtschaftsgüter, Dienst- und Arbeitsleistungen, Finanzmittel, Rechte und Informationen aus den Beschaffungsmärkten führen."[8] Neben diesen Aktivitäten liegt die Kernaktivität des „Sourcings" in der Bereitstellung von Gütern zu einem bestimmten Zeitpunkt zur Sicherstellung der Produktion. Darüber hinaus muss die Bereitstellung der Güter auch in der benötigten Qualität, zum günstigsten Preis, in der ausreichenden Menge am nachgefragten Ort erfolgen. Ebenfalls wird die Bereitstellung von Service- und Dienstleistungen für das Unternehmen garantiert.[9]

Im Sinne einer Beschaffungsstrategie stellt die Sourcing-Strategie die „Art und Weise dar, wie strategische Beschaffungsaufgaben durch bestimmte Handlungen zielorientiert erfüllt werden können."[10] Im Vordergrund soll für die Beschaffung eine Art „Vision" dargestellt werden, die eine Orientierungs- und Lenkungsfunktion übernimmt. Die Vision der Sourcing-Strategie leitet sich aus der Unternehmensvision ab und bildet das angestrebte Ziel bzw. den Zukunftsstand sowie die Richtungsvorgabe zur langfristigen Ausrichtung der Beschaffung ab.[11]

Die in der Arbeit erstellte Sourcing-Strategie wird anhand eines Best-Practice Beispiels erstellt. Hierfür wird eine qualitative Forschung angewendet, die anschließend in Verbindung mit den vorgestellten Dimensionen interpretativ ausgewertet werden kann.

2.2 Dimensionen der Sourcing-Strategien

Die unterschiedlichen Dimensionen der Sourcing-Strategien (siehe Abbildung 1), sowie ihre Ausprägungen beeinflussen die Gestaltung einer erfolgsversprechenden Sourcing-Strategie innerhalb der Beschaffungsfunktion im Unternehmen. Das Ausmaß der Dimensionen wird dabei im Hinblick auf die räumliche, zeitliche und begriffliche Erreichbarkeit verstanden.[12] In

---

[8] Fortmann, K. M., 2007, S. 52.
[9] Vgl. Krohn, R., 2001, S. 4.
[10] Wicharz, R. (2015), S. 2 f.
[11] Vgl. Schuh, G. (2013), S.76 ff.
[12] Duden (2003).

diesem Zusammenhang entstehen in Abhängigkeit der jeweiligen Lieferantenstruktur mögliche Sourcing-Strategien.[13]

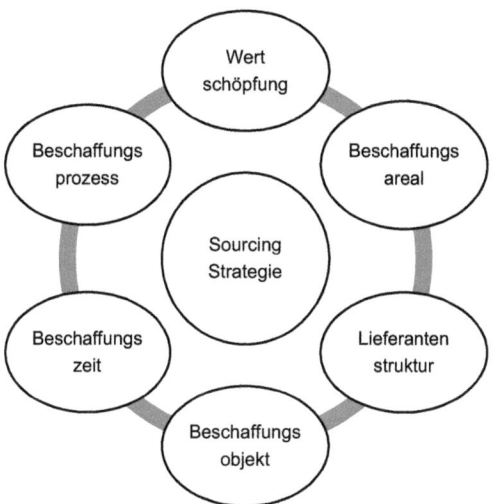

Abbildung 1: Gestaltungsdimensionen zur Festlegung von Sourcing Strategien[14]

2.2.1 Wertschöpfung

Die zunächst grundlegende Entscheidung in der Beschaffungsfunktion beinhaltet die Dimension „Wertschöpfung". Die Dimension „Wertschöpfung" beinhaltet im Wesentlichen die Entscheidung im Hinblick auf die Frage „make or buy"? (siehe Abbildung 2).

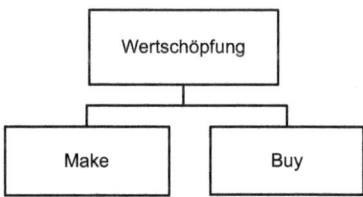

Abbildung 2: Wertschöpfung[15]

Bei der „make or buy" Frage wird festgelegt, ob die fehlenden Ressourcen durch interne (make) oder (or) externe (buy) Leistungen bereitgestellt werden und der Markt weiter nach möglichen Beschaffungskooperationen zu untersuchen ist.[16] So können z. B. Teile der

---

[13] Vgl. Wannenwetsch, H. (2014), S. 171.
[14] Eigene Darstellung in Anlehnung an Arnold, Eßig (2000), S. 126.
[15] Eigene Darstellung.
[16] Vgl. Thelen, D./Tomenendal, M. (2007), S. 2.

Produktion, Baugruppen und auch Dienstleistungen selber oder von einem Lieferanten bezogen werden. Der Fremdbezug (**Outsourcing**) führt dabei zu einem Abbau der Fertigungstiefe und zur Konzentration auf die eigenen Kernkompetenzen.[17]

2.2.2 Beschaffungsareal

Die Dimension „Beschaffungsareal" (siehe Abbildung 3) legt die Größe des Beschaffungsmarktraumes fest. Durch die individuelle Entscheidung in welchem Areal beschafft werden soll, variiert die Komplexität der Anfrage- sowie des Transportprozesses.[18] Wird der Beschaffungsmarkt auf einer internationalen Ebene betrachtet, so ist zwischen „Local", „Domestic" und „Global" Sourcing zu unterscheiden.[19]

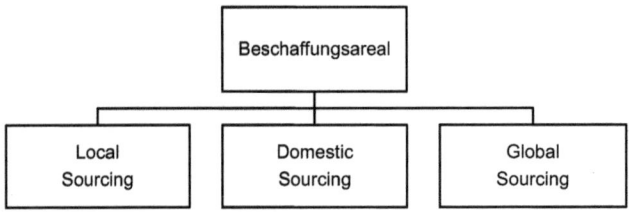

Abbildung 3: Beschaffungsareal[20]

Bei der Local Sourcing Strategie wird die Beschaffung auf einen festgelegten regionalen Raum begrenzt.[21] So werden Beschaffungen lediglich aus unmittelbarer geografischer Nähe getätigt. Die Vorteile sind unter anderem die vergleichsweise niedrigen Transportkosten und die vertraute Kultur.[22]

Im Vergleich zum Local Sourcing dehnt Domestic Sourcing den Beschaffungsmarkt „innerhalb eines rechtlich abgeschlossenen Wirtschaftsraums" weiter aus (z. B. Deutschland). Damit einhergehend wird sich i. d. R. die Anzahl möglicher Beschaffungsquellen erhöhen.[23]

Global Sourcing kennzeichnet die „Ausrichtung der Beschaffungspolitik von Unternehmen an den weltweit vorhandenen Beschaffungsmärkten (...)."[24] Der Sinn von Global Sourcing ist nicht der Bezug von Gütern aus allen geografischen Regionen der Erde, sondern die gewissenhafte Wahrnehmung von Möglichkeiten, die sich aus den internationalen Beschaffungsmärkten ergeben.[25]

---

[17] Vgl. Beckmann, K., 2010, S. 84 ff.
[18] Hahn, D./Kaufmann, L. (2002), S. 105.
[19] Heinemann, G. (2012), S. 180.
[20] Eigene Darstellung.
[21] Vgl. Wannenwetsch, H. (2013), S. 350.
[22] Vgl. Arnold, U. (1997), S. 111.
[23] Thelen, D./Tomenendal, M. (2007), S. 8.
[24] Arnold, U. (1990), S. 55.
[25] Bedacht, F. (1995), S. 12.

Global Sourcing kann, je nach Land, zu vergleichsweisen niedrigeren Einkaufspreisen führen. Darüber hinaus ermöglicht eine solche Entscheidung Chancen, um internationale Erfahrungen zu erlangen, Kontakten zu knüpfen und um lokale/regionale Abhängigkeiten zu verhindern. Auf der anderen Seite führt eine Global Sourcing Entscheidung dazu, dass die Kommunikationen, z. B. durch die Kultur- und Sprachbarrieren erschwert werden. Zuletzt ist mit höheren Transportkosen zu rechnen.[26]

2.2.3 Lieferantenstruktur

Die Dimension „Lieferantenstruktur" (siehe Abbildung 4) bezieht sich auf die (optimale) Anzahl von Lieferanten.[27]

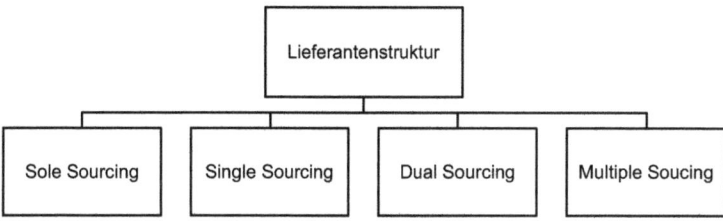

Abbildung 4: Lieferantenstruktur[28]

Das Sole Sourcing ist dem nachfolgendem Single Sourcing untergeordnet. Aufgrund von wirtschaftlichen und/oder politischen Einflussfaktoren kann es dazu führen, dass ein Lieferant eine Monopolstellung einnimmt und dadurch Ausweichmöglichkeiten ausgeschlossen sind.[29]

Bei der Single Sourcing Strategie wird das Beschaffungsobjekt einzig von einer Beschaffungsquelle bezogen. Dies führt zu geringen Bestell- und Transaktionskosten sowie zu einer reduzierten Komplexität in der Lieferantenbeziehung. Des Weiteren können günstigere Preise durch höhere Abnahmemengen realisiert werden. Die Kehrseite dagegen ist die geringe Flexibilität von Ausweichmöglichkeiten auf andere Lieferanten.[30]

Die Dual Sourcing Strategie hingegen bezieht das Beschaffungsobjekt von zwei untereinander im Wettbewerb stehenden Lieferanten.[31] Dabei wird das Beschaffungsobjekt i. d. R. vom Lieferanten mit den vorteilhaften Leistungen (z. B. kostengünstiger etc.) bezogen. Das Dual Souring beabsichtigt eine höhere Versorgungssicherheit und erzeugt eine Steigerung des

[26] Vgl. Wannenwetsch, H. (2010), S.169.
[27] Vgl. Thelen, D., Tomenendal, M. (2007), S. 3.
[28] Eigene Darstellung.
[29] Vgl. Arnold, U. (1997), S. 98.
[30] Vgl. Wannenwetsch (2013), S. 349 ff.
[31] Vgl. Deloitte (2014), S. 17.

Wettbewerbs zwischen den Lieferanten. Darüber hinaus wird die Abhängigkeit von einem Lieferanten gemindert.[32]

Multiple Sourcing kann als eine Mehrquellenversorgungsstrategie verstanden werden. Hierbei wird das Beschaffungsobjekt von mehr als zwei Lieferanten erworben.[33] Auf der einen Seite wird der Wettbewerb zwischen den Lieferanten nochmals verstärkt und das Versorgungsrisiko (bspw. Produktionsausfälle) verringert. Auf der anderen Seite steigen die Bestellkosten. Die Steigerung der Bestellkosten ist auf den höheren Logistik- und Koordinationsaufwand zurückzuführen.[34]

2.2.4 Beschaffungsobjekt

Die Dimension „Beschaffungsobjekt" (siehe Abbildung 5) unterteilt die zu beschaffenden Zulieferteile, in Abhängigkeit zu deren Komplexität, in eine variierenden Ausprägungstiefe.[35]

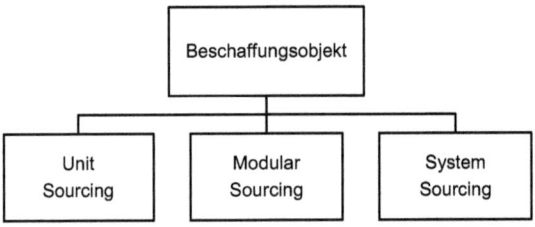

Abbildung 5: Beschaffungsobjekt[36]

Beim Unit Sourcing werden die Güter grundsätzlich einteilig bezogen. Bspw. sind dies Rohstoffe oder Einzelteile mit einer geringen Komplexität, wie Sitzgestelle oder Befestigungen.[37] Hierbei bleibt die Innovationskraft innerhalb des Unternehmens. Dagegen ist aufgrund der Vielzahl der zu beschaffenden Gütern mit einem hohen logistischen Aufwand sowie mit einer Montagekomplexität im eigenen Unternehmen zu rechnen.

Beschaffungsobjekte, die einen Modulcharakter besitzen, werden über die Strategie Modular Sourcing beschafft. „Module sind komplette, einbaufertige Baugruppen, die durch eine eindeutige und physisch-logistische Abgrenzbarkeit gekennzeichnet sind."[38] Beispiele für Module sind u. a. Sitzkomponente, wie bspw. Kopfstützen, Armlehnen oder Sitzsteuergeräte.

---

[32] Vgl. Wannenwetsch, H. (2010), S.166.
[33] Vgl. Faber, A. (1998), S. 35.
[34] Vgl. Wannenwetsch, H. (2010), S.167.
[35] Vgl. Thelen, D./Tomenendal, M. (2007), S. 4.
[36] Eigene Darstellung.
[37] Vgl. Heß, G. (2010), S. 146.
[38] Arnold, U. (2007), S. 24.

Im Vergleich zum Unit Sourcing werden die Einkaufsvorgänge sowie die Kosten durch die engere Einbindung der Lieferanten reduziert.[39]

Das System Sourcing weist eine hohe Komplexität hinsichtlich der Beschaffungsobjekte auf. Der Lieferant hat dabei die Verantwortung für das jeweilige System (bspw. gesamtes Sitzsystem).[40] Demzufolge entsteht ein Innovationsnutzen durch das Einbeziehen von spezialisierten Lieferanten. Eintretende Nachteile sind u. a. Knowhow-Verluste und erhöhte Abhängigkeiten vom Lieferanten.

2.2.5 Beschaffungszeit

Die Dimension „Beschaffungszeit" leitet sich anhand des Bestands- und Lagerverhaltens eines Unternehmens ab.[41]

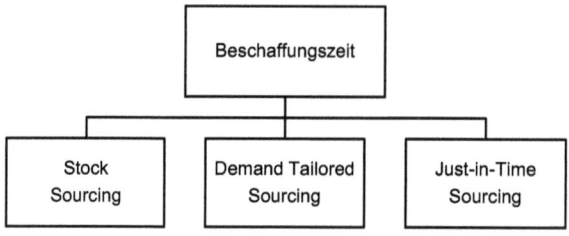

Abbildung 6: Beschaffungszeit[42]

Die Vorgehensweise beim „Stock Sourcing" beabsichtigt eine Senkung der Versorgungsrisiken mit einem Mindestlagerbestandes des Beschaffungsobjektes. Durch die Lagerung des Beschaffungsobjektes bzw. der Güter werden zur Bedarfsdeckung weniger Bestelltransaktionen erfordert. Dadurch verringern sich die Kosten für den Transport sowie die Abhängigkeit zum Lieferanten. Auf der anderen Seite wird jedoch eine höhere Kapitalbindung beansprucht. Ferner nimmt in diesem Zusammenhang die Materialumschlagshäufigkeit ab.[43]

Das Demand Tailored Sourcing hingegen begrenzt die Lagerhaltung auf eine bedarfsorientierte Beschaffungsauslegung. Dabei wird im Vergleich zum Stock Sourcing zwar weniger Kapital in die Waren/Güter gebunden, gleichwohl muss mit langen Lieferzeiten und einer geringeren Flexibilität gerechnet werden.[44]

---

[39] Vgl. Heß, G. (2010), S. 147.
[40] Vgl. ebd.
[41] Vgl. Thelen, D., Tomenendal, M. (2007), S. 6.
[42] eigene Darstellung
[43] Vgl. ebd.
[44] Vgl. ebd.

Das Just-in-Time (JIT) Sourcing ist eine Beschaffungsmethode, welche synchron an die Produktion bzw. Herstellungsstädte gekoppelt ist. Je nach Bedarf, wird zum Zeitpunkt der Notwendigkeit, das Beschaffungsobjekt beliefert.[45] Die Vorteile des JITs sind der erhöhte Materialumschlag und die geringere Kapitalbindung. Demgegenüber entsteht, durch die hohe Abhängigkeit zum Lieferanten, ein großes Risiko für Verzögerungen in der Produktion/Herstellung. Im Vergleich zum Stock Sourcing sind darüber hinaus höhere Transportkosten einzuplanen.[46]

2.2.6 Beschaffungsprozess

Das Einbindungsausmaß der Lieferanten innerhalb des Beschaffungs- und dem Entwicklungsprozesses wird mit Hilfe einer variierenden Intensität ausgelegt. Je nach Intensität wird zwischen dem Operative Sourcing und dem Advanced Sourcing unterschieden.

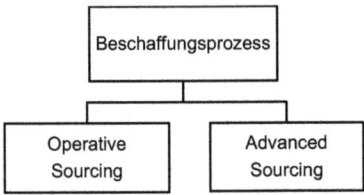

Abbildung 7: Beschaffungsprozess[47]

Die Operative Sourcing Strategie kategorisiert ein Vorgehen, bei dem keine starke Einbindung des Lieferanten in die Produktentstehungsprozesse stattfindet. Dies bringt mögliche Vorteile mit sich, wie u. a., dass das Knowhow innerhalb des Unternehmens bleibt, der Koordinationsaufwand gemindert wird und damit einhegend niedrigere Produktkosten entstehen.[48]

Anderseits können die Lieferanten auch schon früh mit in den Produktentstehungsprozess involviert werden (u. a. für die Produktentwicklung). Dieser Ansatz kennzeichnet sich als Advanced Sourcing aus. Das Advanced Sourcing führt dazu, dass das Knowhow des Lieferanten in Anspruch genommen wird. Das beschaffende Unternehmen kann sich des Weiteren auf die eigenen Kernkompetenzen fokussieren. Infolgedessen entwickelt sich eine enorme Abhängigkeit vom Lieferanten und ein hoher Koordinationsaufwand.[49]

[45] Vgl. Wannenwetsch, H. (2014), S. 188.
[46] Vgl. Wannenwetsch, H. (2005), S. 184 ff.
[47] Eigene Darstellung.
[48] Vgl. Wannenwetsch, H. (2005), S. 184 ff.
[49] Vgl. Wannenwetsch, H. (2005), S. 184 ff.

Die Entscheidung hinsichtlich des Beschaffungsprozesses korreliert mit der Entscheidung in der Dimension des Beschaffungsobjektes (siehe Kapitel 2.2.4). Ein entscheidender Grund dafür ist u. a. die Komplexität der zu beschaffenden Endprodukte, auf die jedoch im Laufe der Arbeit näher eingegangen wird.[50]

---

[50] Vgl. Thelen, D./Tomenendal, M. (2007), S. 8.

3 Unternehmens- und Wettbewerbssituation und Bedeutung

Neue strategische Ausrichtungen von Beschaffungsaktivitäten gewinnen immer stärker an Bedeutung. Der zunehmend konkurrierende Wettbewerb lässt sich unter anderem auf technische Innovationen, sinkende eigene Wertschöpfungstiefen und ein steigender Kostendruck[51] zurückführen. Bei einer ordnungsgemäßen Umsetzung der Beschaffungsfunktion können sich jedoch auch erhebliche Einkaufspotenziale und nachhaltige Wettbewerbsvorteile realisieren lassen. Dies kann mit der Reduzierung eigener Wertschöpfungstiefen erzielt werden, in dem Aktivitäten, die keine Kernkompetenz darstellen, ausgegliedert werden.[52]

Die Wahl einer geeigneten Sourcing-Strategie hat Einfluss auf den Preis, die Qualität und den Service des Produktes oder der Dienstleistung.[53] Aus diesem Grund verlassen deutsche Unternehmen den Binnenmarkt grundlegend, um die Vorteile einer globalen Kostennutzung im Einkauf zu nutzen.[54] Dies belegt auch das statistische Bundesamt, in dem Unternehmen nach den Verlagerungsmotiven für wirtschaftliche Aktivitäten befragt wurden.[55] Auf die Frage nach den wichtigsten Verlagerungsmotiven führten 84,4 Prozent der Unternehmen die Kostenvorteile auf.[56]

Aufgrund der höheren Material- und Personalkosten im europäischen Binnenmarkt[57] für deutsche Unternehmen, ist es somit sinnvoll, das Produkt oder die Dienstleistung global zu beschaffen.[58] Durch das Global-Sourcing werden nicht nur Potenziale zur Kosteneinsparung erreicht. Vielmehr bietet das Global Sourcing ebenfalls Möglichkeiten, die Qualität zu steigern, in dem das internationale Knowhow genutzt wird.

Aus diesen vielfältigen Gründen wird im Laufe der Arbeit analysiert, wie die aktuelle Unternehmens- und Wettbewerbssituation begegnet werden kann. Das bedeutet konkret, dass mögliche Potenziale und Vorteile von Global-Sourcing aufgedeckt werden. Dafür wird zunächst das Gestaltungfeld von Global-Sourcing vorgestellt, ehe anschließend die relevanten Bewertungskriterien für den Beschaffungsmarkt Indien analysiert werden.

---

[51] Vgl. Weigel, U. (2013), S. 2 ff.
[52] Vgl. Entchelmeier, A. (2008), S. 1.
[53] Vgl. Fortmann, K. M., 2007, S. 68.
[54] Vgl. ebd.
[55] Vgl. Statistisches Bundesamt (2019).
[56] Vgl. ebd.
[57] Vgl. Institut der deutschen Wirtschaft Köln.
[58] Bedingung: vergleichbares Produkt/Dienstleistung auf dem jeweiligen Markt.

4 Methodik

4.1 Das Gestaltungsfeld Global Sourcing

Erhebliche Barrieren bestehen bei einer erfolgreichen Umsetzung von Global-Sourcing. Beispielsweise existieren Mindestvoraussetzungen, also Bedingungsrahmen und quellespezifische Determinanten im jeweiligen Beschaffungsmarkt. Mitunter ist die Beschaffungsfunktion somit dafür verantwortlich, dass die Mindestvoraussetzungen beachtet werden, weil der Bezug ohne die Beachtung der Mindestvoraussetzungen von sämtlichen Regionen auf der Welt nicht möglich ist. Vielmehr spielt eine bewusste Wahrnehmung der Möglichkeiten, die sich auf den internationalen Beschaffungsmärkten anbietet, eine Rolle.[59] Die Ausrichtung der Beschaffungspolitik von Unternehmen orientiert sich an den weltweit vorhandenen Beschaffungsmärkten.

4.2 Bewertungskriterien

Der Fokus der Arbeit ist die Untersuchung einer Global-Sourcing Strategie. Hierfür werden insbesondere die entscheidungsrelevanten Bewertungskriterien aufgeführt, dargelegt und anschließend den Sourcing- Dimensionen zugeordnet. Als Bewertungskriterium wird ein „unterscheidendes Merkmal als Bedingung für einen Sachverhalt, ein Urteil, eine Entscheidung nach dem jemand/etwas bewertet/beurteilt" wird, verstanden.[60]

Dafür werden auf quantitative und qualitative entscheidungsrelevante Bewertungskriterien eingegangen. Quantitative Faktoren, sogenannte harte Faktoren, sind betriebswirtschaftliche Kennzahlen. Mit Hilfe dieser Kennzahlen wird die ökonomische Betrachtung fokussiert und mit Hilfe von Parametern die Mess- und Steuerbarkeit gewährleistet.[61] Unter den qualitativen Faktoren hingegen versteht man die weichen Faktoren, die man nicht oder nur mit Hilfsindikatoren als Kennzahl darstellen kann. Dazu gehören z. B. Image, Stimmungen, Wissen und Handlungsweisungen.[62] In diesem Zusammenhang werden in Kapitel 5 allgemeine Marktdaten, die Beschaffungsmarktqualität und technologische Leistungsrisiken über den Beschaffungsmarkt Indien näher analysiert.

---

[59] Vgl. Bedacht, o. J., S. 88.
[60] Duden (2003).
[61] Vgl. Wannenwetsch, H. (2014), S.158 ff.
[62] Vgl. ebd.

5 Lösungsansätze und Umsetzung einer Sourcing-Strategie

Fallbeispiel: IT-Fachkräfte

Deutschland spürt als einer der führenden Industrienationen bereits seit einigen Jahren den Fachkräftemangel. Speziell im Bereich der IT-Industrie werden die Auswirkungen ersichtlich. Laut dem digitalpolitischen Sprecher der FDP Manuel Höferlin, sei die Situation „einfach beschämend". Er demonstriert Unklarheit darin, dass ein solcher Umstand gar nicht eintreten dürfte, da mittlerweile viele Aufgaben ortsungebunden mobil erarbeitet werden können. Sollten Unternehmen IT-Dienstleistungen benötigen, muss der IT-Berater nicht zwingend am Standort sein. Mit Hilfe von verfügbaren modernen Tools können u. a. Fernwartungen über Remote durchgeführt werden.[63]

Um den Mangel an IT-Fachkräften kompensieren zu können und damit einhergehend Deutschlands Digitalisierungsfortschritt zu beschleunigen, bedarf es mögliche Lösungsansätze. Durch die Ausweitung des Beschaffungsareals auf eine Global Sourcing Strategie, kann der Beschaffungsmarkt für IT- Dienstleistungen und Produkte ausgeweitet werden. Ein mögliches Best-Practice Beispiel könnte die Beschaffung von IT-Dienstleistungen und Produkten aus dem Subkontinent Indien sein. Dabei dient der Best Practice für eine objektive Bewertung der eigenen Leistung im Vergleich zu einer Anderen. Hierbei ist zu erwähnen, dass im Rahmen des Benchmarkings nicht nur Kennzahlen (Löhne etc.) miteinander verglichen und Leistungslücken quantifiziert werden, sondern auch die zugrunde liegende Vorgehensweise zur Erreichung der Benchmarks begründet wird.[64]

5.1 Beschaffungsmarktforschung

Zunächst einmal ist die Beschaffungsmarktforschung ein wichtiger Aspekt beim Beziehen von Gütern und Dienstleistungen. Die Beschaffungsmarktforschung ist für die Erfassung, Aufbereitung und Bereitstellung von Informationen über den Beschaffungsmarkt zuständig und hat in erster Linie das Ziel bedarfsgerechte Informationen für strategische Entscheidungen bereitzustellen.[65] Aus diesem Grund wird im Laufe der Arbeit auf Sekundärquellen[66] zurückgegriffen, also Daten aus bereits erhobenen Quellen.[67] Damit einhergehend wird im weiteren Verlauf der Beschaffungsmarkt „Indien" analysiert. Darauf aufbauend können dann konkrete Rückschlüsse und Handlungsempfehlungen hinsichtlich der Sourcing-Dimensionen interpretiert und ausgesprochen werden.

---

[63] Vgl. Westdeutsche-Zeitung (2019).
[64] Gabler Wirtschaftslexikon (2020).
[65] Vgl. Schuh, Günther (2013), S. 151.
[66] Neben der Sekundärquelle gibt es auch die Primärquelle, also firmeninterne Erhebungen.
[67] Vgl. Krohn, R., 2001, S. 56.

5.1.1 Indiens Wirtschaft

Im Jahre 1991 liberalisierte sich der Staat Indien. Hierbei wurden auf politischer Ebene Reformen vorgenommen, die dazu führten, dass sich der indische Markt der Weltwirtschaft öffnete.[68] Der fünfjährige Reformierungsplan (1992-1997), welcher vom indischen Staat in Kraft gesetzt wurde, führte zu der allmählichen Verabschiedung der sozialistischen Planwirtschaft. So wurden staatliche Förderungen abgeschafft, wohingegen die Investitionen aus dem Ausland anstiegen. Die finanziellen ausländischen Investitionen ermöglichen Defizite aus verschiedensten Branchen Indiens zu kompensieren. Des Weiteren verstärkte sich der Außenhandel dadurch, dass Importlizenzen, die für bestimmte Produkte vorgesehen waren, abgeschafft wurden. Auf der anderen Seite ergaben sich durch Minderungen der Einfuhrzölle weitere attraktivitätssteigernde Impulse für den globalen Handel. Dank der angestiegenen Privatisierung im Land entwickelte sich die innere zertrümmerte Infrastruktur mit einem fortschrittlichen Aufschwung.[69] Seither zeigt sich ein kontinuierlicher Anstieg des Bruttoinlandproduktes. Im Jahr 1991 betrug dieser 275 Milliarden US-Dollar und im Jahre 2019 bereits 2.869 Milliarden US-Dollar.[70] Hieraus ist abzuleiten, dass seit der Liberalisierung die indische Wirtschaft steigend wächst. Die politischen sowie wirtschaftlichen Auslegungen zeigen inzwischen keine Unstimmigkeiten. Beide haben das gemeinsame Ziel, die freie Marktwirtschaft weiter voranzutreiben. Aufgrund der damaligen britischen Kolonialmacht weist das indische Rechts- und Steuersystem Ähnlichkeiten mit dem Westen auf.[71] Dadurch erschließen sich für die deutschen Unternehmen Planungssicherheiten für eine mögliche Zusammenarbeit aus dem Subkontinent Indien.

5.1.2 Demografie

In Bezug auf die demografische Situation, hat der Subkontinent Indien nach China die zweitgrößte Bevölkerung mit 1,38 Milliarden Einwohnern.[72] Laut Prognosen wird die Bevölkerung bis zum Jahr 2025 weiter auf 1,45 Milliarden Einwohnern ansteigen.[73] Das Durchschnittsalter der Bevölkerung liegt bei 28,4 Jahren. Demzufolge hat Indien einer der jüngsten Bevölkerung der Erde.[74] Der Anteil der Einwohner im arbeitsfähigen Alter zwischen 15 und 64 Jahren liegt nach der Erhebung der „World Bank" bei 67 Prozent.[75] Die Bildungsstädte (Universitäten etc.) Indiens sind zwar noch lange nicht so fortgeschritten wie in Deutschland. Nichtsdestotrotz zeigt sich in der indischen Bevölkerung ein Fortschritt auf weitere

---

[68] Vgl. Prof. Dr. Dietmar Rothermund (2020), o. J., o. S.
[69] Vgl. Zotz V. (2009), S. 46ff.
[70] Vgl. Statista (2020 a).
[71] Vgl. Wiskot, G, 2009, S. 17.
[72] Vgl. Statista (2019 a).
[73] Vgl. Statista (2020 b).
[74] Vgl. World Population Prospects (2019).
[75] Vgl. World Bank (2020).

Wachstumspotenziale. Dies spiegelt sich auch in der Leistungsbereitschaft und dem Willen zur (Weiter)- Bildung wider. Deutsche Unternehmen können an diesem Potenzial partizipieren, indem sie die junge und arbeitswillige Bevölkerung als Lieferanten für Humanwissen (speziell für die IT-Industrie) qualifizieren.[76]

5.1.3 Sprache

Bei der Betrachtung des indischen Marktes zeigt sich ein aussichtsvoller sprachlicher Vorteil. Millionen der indischen Fachkräfte sind nicht nur jung, ambitioniert und gut ausgebildet, sondern beherrschen darüber hinaus auch die englische Sprache. Dies hat u. a. auch für den wirtschaftlichen Aufstieg des indischen Staates beigetragen.[77] Die Vertrautheit mit der englischen Sprache ist auf die frühere britische Kolonie zurückzuführen.[78] Die hohe vorhandene Anzahl gut englischsprechender Arbeitnehmer im Subkontinent Indien, führt zu einem steigenden Trend von Outsourcing nach Indien. Alleine rund 1.800 deutsche Unternehmen sind in Indien aktiv.[79] Darunter auch namhafte deutsche Unternehmen, wie Bosch, Volkswagen, BASF, Bayer, Braun und Adidas. Sie sind auf dem indischen Markt bereits fest etabliert.[80] Hieraus kann abgeleitet werden, dass eine Zusammenarbeit zwischen den deutschen Unternehmen und der indischen Bevölkerung (Staat, Unternehmen, Arbeitnehmer etc.), hinsichtlich der sprachlichen Hindernisse weitestgehend kein Bedenken vorliegen.

5.1.4 Kultur

Für eine erfolgreiche Zusammenarbeit zwischen den deutschen und indischen Unternehmen bzw. IT-Spezialisten, bedarf es eine gegenseitige Sensibilisierung in Bezug auf die kulturellen Unterschiede. Ein wesentlicher Bestandteil dafür ist u. a. das Coaching der interkulturellen Kompetenzen. Den deutschen Unternehmen und den zukünftigen indischen IT-Dienstleistern wird demnach geraten sich bei einer Zusammenarbeit mit der gegenüberstehenden Kultur zu befassen. Dadurch lassen sich gewisse „Handlungen" besser nachvollziehen, die sich im Laufe der Kooperation ergeben können.[81] Um den Rahmen der vorliegenden Arbeit nicht zu überschreiten, wird auf eine detaillierte Betrachtung der Einzelheiten der jeweiligen Kulturen verzichtet.

---

[76] Vgl. Müller O., S. 108 ff.
[77] Vgl. Bundeszentrale für politische Bildung (2014).
[78] Vgl. Dr. Joachim Betz (2007).
[79] Vgl. Deutschlandfunk (2017).
[80] Ramya Boddupalli (2018), o. S.
[81] Vgl. indische-wirtschaft.de (2013).

5.1.5 Löhne

Deutschland belegt auf der Einkommensrankingliste Platz 19 mit einem durchschnittlichen Jahreseinkommen i. H. v. 43.341 Euro. Indien hingegen belegt Platz 67 mit einem durchschnittlichen Jahreseinkommen i. H. v. umgerechnet 1.903 Euro.[82] Bei der Betrachtung des Durchschnittseinkommens in der IT-Branche (bspw. für Softwareentwicklung), verdienen erfahrene Programmierer bei kleineren Unternehmen (ab 4 Jahre Berufserfahrung) in etwa 55'000 indische Rupien, was umgerechnet ca. 700 Euro im Monat/8.200 Euro im Jahr sind. Die in den großen IT-Unternehmen arbeitenden Entwickler können einen Verdienst i. H. v. 1.600 Euro im Monat/19.200 Euro im Jahr erreichen.[83] Demgegenüber liegt das durchschnittliche Jahreseinkommen eines Softwareentwicklers in Deutschland bei etwa 62.291 Euro.[84]

Bei der Betrachtung auf die Lohnunterschiede zwischen den Löhnen in Deutschland und Indien ist ein enorm hohes Einsparpotenzial zu erkennen. Hier können deutsche Unternehmen schätzungsweise bis zu 87 Prozent (8.200 Euro zu 62.291 Euro) an Personalkosten einsparen. Resultierend steigt durch die Kosteneinsparungen der Unternehmensgewinn.[85] Eine wichtige Voraussetzung ist die Beachtung von gleichbleibenden Qualitäten in den zu beschaffenden IT-Dienstleistungen.[86]

5.2 Strategische Grundsatzentscheidungen

Durch die bearbeitete Beschaffungsmarktforschung des Subkontinents Indien können bereits erste Indizien und Antworten geliefert werden, dass vielfältige Potenziale wiederzufinden sind. In diesem Zusammenhang können bereits die Sourcing-Dimension der „Wertschöpfung" und „Beschaffungsareal" dahingehend für den Best-Practice des Beschaffungsmarktes Indien beantwortet werden. Es müssen jedoch noch weitere Sourcing-Dimensionen betrachten werden, die im weiteren Verlauf der Arbeit bearbeitet werden.

5.2.1 Beschaffungsobjekt

Wie bereits im Fallbeispiel eingegangen, liegt die IT-Branche, trotz steigender Bedeutung[87] in Deutschland unter den Erwartungen der erhofften Entwicklungen. Das bestätigen die Statistiken, dass im Vergleich beispielsweise ein höherer Import von IT-Service Leistungen in Deutschland getätigt wird als Exporte von IT-Service-Leistungen aus Deutschland.[88] Laut dem

---

[82] Vgl. Laenderdaten.info (2019).
[83] Vgl. Thattil S. (2019).
[84] Vgl. Gehalt.de (2020).
[85] Vgl. Dr. Peter Haric (2020).
[86] Vgl. wirtschaftswissen.de (2019).
[87] z. B. wächst der weltweite Markt für IT-Dienstleistungen beständig - Vgl. Statista (2020).
[88] Vgl. Statista (2019 b) i. V. m. Statista (2019 c).

MINT-Report des Instituts der deutschen Wirtschaft sind IT-Kräfte in Deutschland heiß begehrt, so dass aktuell 39.600[89] Arbeitsplätze in diesem Sektor unbesetzt sind.[90] Damit dieser Fachkräftemangel zu keinen realen Bedrohungen führt, wie bspw. die Cyber-Security oder das Wachstum von IT-Unternehmen, muss die Beschaffungsfunktion im Unternehmen zu möglichen Lösungsansätzen kommen. Laut Korn-Ferry Studie ist Indien das einzige Land von 20 untersuchten Ländern, dass nicht nur keinen Fachkräftemangel verzeichnet, sondern bis 2030 sogar einen Überschuss von qualifizierten Arbeitskräften von 1,3 Millionen Menschen in der Technologie- und Telekommunikationsindustrie haben wird.[91] Indiens Informationstechnologie ist somit weiter auf Erfolgskurs, denn sie hat sich zu einer führenden Branche entwickelt. So erwirtschaftete der Sektor im Finanzjahr 2017/18 circa 7,9 Prozent des indischen Bruttoinlandsprodukts. Konkludent bedeutet dies, dass der vorhandene Mangel von IT-Spezialisten in Deutschland aus dem Subkontinent Indien beschafft werden kann. Konkret können die Unternehmen[92] somit auf drei Bereiche zurückgreifen, die in der indischen IT-Industrie am stärksten vertreten sind: die Entwicklung kundenspezifischer Software und Hardware-Dienstleistungen (z. B. Implementierung und Programmierung) und Betreuung, die Auslagerung von Geschäftsprozessen[93] und die Forschung und Entwicklung.[94, 95]

Eine konkrete Potenzialmöglichkeit, welcher im Zusammenhang mit der Auslagerung des Geschäftsprozesses IT-Support entstehen kann, ist die Nutzung von Call-Centern in Indien.[96] Laut unterschiedlichen Prognosen steigen auch in diesem Segment die Umsätze für Call-Center-Dienstleistungen in Indien stetig.[97] Deutsche (IT)- Unternehmen können somit aus den wachsenden Call-Centern Potenziale ausschöpfen und die geschulten IT-Spezialisten als Berater zu niedrigen Lohnkosten einsetzen.

Die Frage, ob das Beschaffungsobjekt in einem Unit-, Modular-, oder System Sourcing bezogen wird, hängt von dem zu erstellenden (End)- Produkt ab. Das bedeutet, dass eine solche Entscheidung von den konkreten Zielsetzungen der jeweiligen deutschen Unternehmen abhängt. In diesem Zusammenhang wird aus der Praxis von immer weiter steigenden Komplexitäten in den IT-Produkten sowie Lösungen berichtet.[98] So wird empfohlen die komplexen „Probleme" in „Teilprobleme" zu zerlegen und diese von mehreren Spezialisten lösen zu lassen. Konkludent bedeutet dies, dass der Lieferant in einem Modular Sourcing das

---

[89] Stand: April 2018.
[90] Vgl. iwd (2018).
[91] Vgl. KornFerry.
[92] Speziell aus der Informations- und Kommunikationsbranche.
[93] Busines Process Outsourcing, BPO.
[94] Research and Development, R&D.
[95] Vgl. Bundeszentrale für politische Bildung (2014).
[96] Vgl. Zotz V. (2009), S. 149f.
[97] Vgl. Statistia (2014).
[98] Vgl. Boston-Consulting Group, Grebe M. (2014).

IT-Fachwissen abdecken kann und die Verantwortung übernehmen sollte.[99] Die fertiggestellten „Module" werden dann in Kooperation mit den Lieferraten zu einem „Endprodukt" zusammengeführt (z.B. Programmierungen für eine iPhone-Software).

5.2.2 Lieferantenstruktur

Eine weitere, wichtige Dimension in der Sourcing-Strategie ist die „Lieferantenstruktur". Grundsätzlich können die indischen Hersteller durch ein deutlich niedrigeres Lohnniveau arbeitsintensive Produkte und Dienstleistungen entsprechend günstiger anbieten.[100] Der Vorteil der niedrigen Arbeitskosten lässt sich jedoch nicht immer in vollem Umfang realisieren, weil Kosten für Logistik und Prozess-Kosten unterschätzt und gegenübergesetzt werden müssen.[101] Das bedeutet, dass die Beschaffungsaktivitäten in Indien mit einem relativ hohen Aufwand verbunden sind. Konkret wird ein geringes Qualitätsbewusstsein der Lieferanten nachgesagt. Die Betreuung der Lieferanten und der damit einhergehenden Qualitätssicherung kosten Zeit und Geld. Neben der Qualität steht die Termintreue als zweite große Herausforderung dar, die bei der Auswahl einer richtigen „Lieferantenstruktur" zu beachten ist. Zwar bieten international anerkannte Zertifizierungen[102] einen ersten Anhaltspunkt die Leistungsfähigkeit des Lieferanten einzuschätzen, so dass die Qualitätsansprüche sichergestellt werden können. Nichtsdestotrotz bleiben Risiken in diesem Zusammenhang dennoch bestehen. Um diese Risiken zu begegnen, sollte bei der „Lieferantenstruktur" im Subkontinent Indien auf eine Dual Sourcing oder Multiple Sourcing Strategie zurückgegriffen werden. Auch bei erhöhten Koordinierungsaufwendungen dieser Strategien kann dennoch das Risiko eines Produktions- und Dienstleistungsausfalls minimiert werden, indem bei Ausfall eines Lieferanten auf einen anderen zurückgegriffen werden kann.

5.2.3 Beschaffungszeit

Die Entscheidung über die festzulegende Beschaffungszeit kann im Grunde nach nicht beantwortet werden, da IT-Dienstleistungen nicht, wie ein physisches Produkt, lagerungsfähig ist. Bei einem physischen Produkt ist die Frage zu beantworten, ob die Beschaffungsobjekte gelagert oder über Just-in-Time, synchron, direkt an die Produktion angebunden werden. Es ist dennoch sicherzustellen, dass die IT-Dienstleistung zum richtigen Zeitpunkt am richtigen Ort verfügbar ist. Dies gilt unabhängig davon, über welchem Weg die Dienstleistung in Anspruch genommen wird.

---

[99] Vgl. Bentz V. (2019).
[100] Vgl. Wamsa Batra (2015).
[101] Vgl. ebd.
[102] Qualifikationszertifikate wie z. B. ISO (Anforderungen an das Managementsystem eines Unternehmens) oder der Erhalt von Listen über zertifizierte Unternehmen von deutsch-indischen Handelskammer - (Vgl. Wiskot, G., S. 247 ff.).

5.2.4 Beschaffungsprozess

Die Entscheidung über das Einbindungsausmaß der Lieferanten in den Entwicklungsprozess hängt auch hier von mehreren Einflussfaktoren ab. Diese leiten sich von unternehmerischen Entscheidungen und nicht beeinflussbaren Gegebenheiten ab. Als Beispiel kann in diesem Zusammenhang die Komplexitätsintensität des IT-Produktes (z. B. Softwareentwicklung/-Implementierung) eine Entscheidung für ein Advanced Sourcing bedeutsam und von Vorteil behaftet sein.[103, 104] So kann der Lieferant bei komplexen IT-Produkten verstärkt mitagieren und Unternehmen das internationale Knowhow nutzen. Ferner bietet diese Strategie die Möglichkeit sich auf die eigenen Kernkompetenzen zu orientieren und die Wertschöpfungstiefen innerhalb eines Unternehmens zu reduzieren.

5.3 Bewertungssystematik

Die Tabelle 1 dient als Modell einer Vergleichsbetrachtung zwischen Deutschland und Indien. Hierbei werden die oben betrachteten Best Practice Kriterien als Bewertungsgrundlage herangezogen. Die Bewertung dient als Annäherungsgrundlage zur Realität, welche auf subjektiven Einschätzungen basiert.

Jedes Kriterium wurde dabei zunächst nach der „Wichtigkeit" bewertet (Gewichtung: 1-unwichtig, 5- sehr wichtig). Des Weiteren wurden beide Länder mittels der jeweiligen Kriterien (1- sehr schlecht, 5- sehr gut) bewertet. Nachdem länderspezifisch jedes Kriterium gewichtet und bewertet wurde, wurden diese beiden Faktoren miteinander multipliziert. Im Anschluss wurden alle Ergebnisse der Multiplikationen des jeweiligen Kriteriums zusammenaddiert. Die Summe als Endergebnis zeigt auf, welches Land anhand der festgelegten Kriterien besser abschneidet (siehe Tabelle 1) und somit für ein Global Sourcing die sinnvollere Variante darstellt. Im vorliegenden Fall schneidet Indien (Summe: 99) im Vergleich zu Deutschland (Summe: 85) besser ab.

Kriterien	Gewichtung	Deutschland		Indien	
		Bewertung	Wert	Bewertung	Wert
Junge- und arbeitsfähige Bevölkerung	4	2	8	5	20
Lohnkosten	5	2	10	5	25
Kulturunterschiede	3	5	15	2	6

---

[103] Vgl. Thelen, D./Tomenendal, M. (2007), S. 6.
[104] Vgl. Wannenwetsch, H. (2005), S. 184 ff.

19

Management-Aufwand	4	4	**16**	2	**8**
Vorhandene Fachkräfte für IT-Dienstleistungen	4	1	**4**	5	**20**
Volkwirtschaftliche Stärke	3	4	**12**	2	**6**
Sprache	4	5	**20**	3,5	**14**
Summe			**85**		**99**

Tabelle 1: Bewertungsberechnung – Ländervergleich[105]

Die Abbildung 8 veranschaulicht in einer grafischen Darstellung die Stärken und Schwächen des Beschaffungsmarktes Indien. Hierbei wurden die einzelnen Best Practice Kriterien von einer Skala 1 „sehr schlecht" bis 10 „sehr gut" bewertet. Die Abbildung 1 zeigt grafisch, in welchen Bereichen Indien seine Stärken und Schwächen hat. Hieraus wird ersichtlich, dass die Stärken im Vergleich zu den Schwächen überwiegen und somit ein attraktiver/-er Beschaffungsmarkt vorliegt.

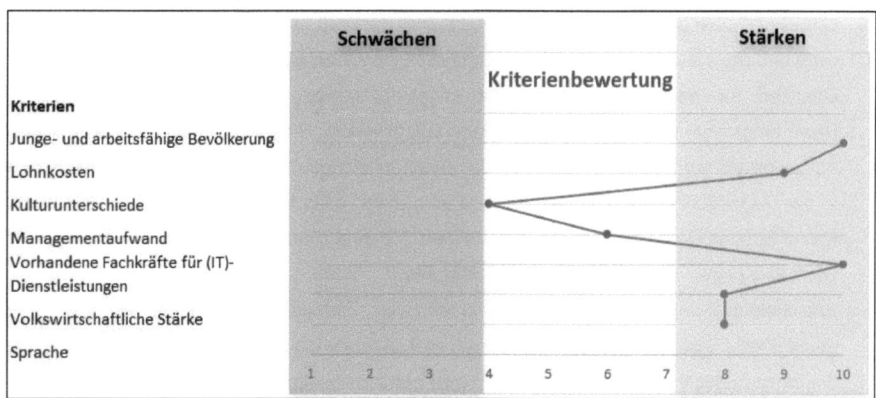

Abbildung 8: Grafische Darstellung der Stärken- und Schwächen des Beschaffungsmarktes Indien[106]

[105] Eigene Darstellung.
[106] eigene Darstellung

6 Zusammenfassung

Die Ära der Globalisierung führt die Unternehmen zu neuen Beschaffungsstrategien, um Kosten zu reduzieren und international wettbewerbsfähig zu bleiben. Durch den zunehmenden Marktdruck gilt es demnach den Fokus auf die eigenen Kernkompetenzen zu legen. Dies wird durch die Ausgliederung von Aktivitäten erreicht, die keine Kernkompetenzen darstellen und somit die Wertschöpfungstiefe innerhalb des Unternehmens reduziert wird.

Eine mögliche Ausgliederung von Aktivitäten, die keine Kernkompetenzen darstellen ist der Service von IT-Produkten und Dienstleistungen. Aus diesem Grund wurde der Beschaffungsmarkt Indien durchleuchtet und mit festgelegten Kriterien und Sourcing-Dimensionen auf seine Bedeutung analysiert.

Dafür wurden Daten über die indische Wirtschaft und weitere makroökonomische Aspekte ergänzt, um das Bild einer geeigneten Sourcing-Strategie zu optimieren und daraus schließend eine konkrete Handlungsempfehlung auszusprechen Die Handlungsempfehlung wägt und zeigt auf, ob ein Engagement auf dem indischen Markt lohnenswert ist und welche Chancen für deutsche Unternehmen abgeleitet werden können. Die abschließende Bewertungssystematik zeigt unter anderem auf, in welche Richtung Stärken und Schwächen der jeweiligen analysierten Kriterien für den Beschaffungsmarkt Indien ausfallen. Ferner wurde in der Gegenüberstellung zu Deutschland aufgezeigt, dass Indien durchaus Chancen bietet und in Summe die bessere Alternative darstellt. Für eine Umsetzung der Beschaffung von IT-Dienstleistungen aus dem indischen Markt sind dennoch weitere Entscheidungseinflussfaktoren zu beachten. Ein Einflussfaktor kann u. a. die hohe geografische Distanz sein. Hieraus ergeben sich Zeitunterschiede von 4-5 Stunden im Voraus, die es zu beachten gilt.[107] Infolgedessen wird abschließend die Empfehlung ausgesprochen, weitere solcher relevanten Aspekte näher zu untersuchen.

Die Abschätzung und Bewertung der erarbeiteten Ansatzpunkte sollte auf Grundlage einer näheren Produktkostenkalkulation einhergehen. Auf diese Weise kann der Kosteneffekt von Optimierungsmaßnahmen durch eine Beschaffung in Indien dezidiert ermittelt werden. Im Sinne einer Total Cost of Ownership sollte die kalkulationsbasierte Bewertung um eine Investitionskostenbetrachtung ebenfalls um weitere qualitative Faktoren ergänzt werden. Demnach sollten die Umstellungskosten langfristig amortisiert, bzw. rentabel sein.

---

[107] Vgl. Daxx (2020).

7   Fazit und Ausblick

Lohnt sich Global Sourcing in Indien? Der bearbeitete Best Practice einer Global Sourcing Konzeption soll zunächst eine beispielhafte Methode vielfältiger Analysekriterien darstellen. Demnach muss betont werden, dass zur konkreten Entscheidungsfindung weitere, noch offene Analysefelder zur Vollständigkeit berücksichtigt werden sollten. Indien gehört trotz des aktuell sinkenden Wirtschaftswachstums -10,29 Prozent[108] zu den stärksten steigenden Volkswirtschaften der Welt. Der Subkontinent wird voraussichtlich schon bis zum Jahr 2030 nach China und USA mit dem Bruttoinlandsprodukt an dritter Stelle sein.[109] Neben den großen Herausforderungen[110] die für den Beschaffungsmarkt Indien noch zu bewältigen sind,[111] werden die positiven Tatsachen jedoch stärker gestützt. Eine positive Beurteilung für den Beschaffungsmarkt in Indien sind die arbeitsfähigen Einwohner. Die hohe Anzahl der Einwohner sind mit 67 Prozent in einem arbeitsfähigen Alter zwischen 15 und 64 Jahren vertreten. Die Defizite im fehlenden Bildungsniveau können mit zusätzlichen Investitionen in die Bildungspolitik ausgeglichen werden. Damit wären weitere Millionen ausgebildeter Fachkräfte das Potenzial für die Zukunft, speziell in der IT-Industrie ist das für die Unternehmen ein ausschlaggebender Faktor. Die unterschiedlichen Interessenkonflikte von Lieferanten über das Qualitätsverständnis kann mittlerweile mit international anerkannten Zertifikaten sichergestellt werden. Dennoch sollte für eine sichergestellte Lieferantenstruktur nicht nur auf einen Lieferanten zurückgegriffen werden, um mögliche Risiken zu minimieren. Vor allem wegen den niedrigen Lohnkosten und den damit verbundenen sinkenden Service- und Produktionskosten in der IT-Industrie ist der Beschaffungsmarkt Indien für die international einkaufenden Unternehmen attraktiv[112].

---

[108] Vgl. Statista (2019 d).
[109] Vgl. Statista (2019 e).
[110] Herausforderungen wie z. B.: Ausbau der Infrastruktur, schlechter Zustand des Verkehrsnetzes.
[111] z. B. die Infrastruktur und das Bildungssystem.
[112] Besonders attraktiv aufgrund der Einsparpotenziale.

Quellenverzeichnis

Literaturquellen:

Arnold, U. und Eßig, M. (2000):   „Sourcing-Konzepte als Grundelemente der der Beschaffungsstrategie". In: Wirtschaftswissenschaftliches Studium, Jg. 29 (2000), Nr. 3, S. 122–128.

Arnold, U (1990):   Global Sourcing, Stuttgart 1990.

Arnold, U/ Kasulke, G. (Hrsg.) (2007):
Praxishandbuch innovative Beschaffung, Weinheim 2007.

Arnold, U (1997):   Beschaffungsmanagement, 2. Auflage, Stuttgart 1997.

Beckmann, Dipl.-Hdl. K. (2010):
Logistik, 2. Auflage, 31735 Rinteln, Rinteln, Merkur Verlag, (2007).

Bedacht, F. (1995):   Global Sourcing, Analyse und Konzeption der internationalen Beschaffung, München 1995.

Deloitte (2014):   Umbruch in der Automobilzulieferindustrie, Standortoptimierung und Sourcing, o. O. 2014.

Distelzweig, A. (2014):   Performance Measurement in der Beschaffung, Ein Konzeptvergleich, Karlsruhe 2014.

Entchelmeier, A. (2008):   Supply Performance Measurement, Leistungsmessung in Einkauf und Supply Management, Diss., Oestrich-Winkel 2008.

Faber, A. (1998):   Global Sourcing, Möglichkeiten einer produktionssynchronen Beschaffung vor dem Hintergrund neuer Kommunikationstechnologien, Diss., Bremen 1998.

Fortmann, K.-M., Kallweit, A. (2007):
Logistik, 2. Auflage, Stuttgart, Verlag W. Kohlhammer (2000).

Hahn, D./Kaufmann, L. (2002):
Handbuch Industrielles Beschaffungsmanagement, 2. Auflage, Gießen/Berlin/Vallendar 2002.

Heinemann, G. (2012): Der neue Online-Handel, Erfolgsfaktoren und Best Practices, 4. Auflage, Mönchengladbach 2012.

Heß, G. (2010): Supply-Strategien in Einkauf und Beschaffung, Systematischer Ansatz und Praxisfälle, 2. Auflage, Nürnberg 2010.

Bichler, K.; Krohn, R. (2001):
Beschaffungs- und Lagerwirtschaft, 8. Auflage, Wiesbaden, Gabler Verlag.

Müller, O.: Wirtschaftsmacht Indien- Chancen und Herausforderungen für uns, 1. Aufl.; München; Hanser Verlag.

Schuh, G. (2013): Einkaufsmanagement, Handbuch Produktion und Management 7, 2. Auflage, Aachen 2013.

Thelen, D./Tomenendal, M. (2007):
Generische Sourcing-Strategien, Berlin 2007.

Wannenwetsch, H. (2005): Vernetztes Supply Chain Management, Heidelberg, Berlin und New York 2005.

Wannenwetsch, H. (2013): Erfolgreiche Verhandlungsführung in Einkauf und Logistik, Praxisstrategien und Wege zur Kostensenkung – für Einkauf, Logistik und Vertrieb, 4. Auflage, Mannheim 2013.

Wannenwetsch, H. (2010): Integrierte Materialwirtschaft, Logistik und Beschaffung: Beschaffung, Logistik, Materialwirtschaft und Produktion, 4. Auflage, Berlin Heidelberg 2010.

Wannenwetsch, H. (2014): Integrierte Materialwirtschaft, Logistik und Beschaffung, 5. Auflage, Mannheim 2014.

Weigel, U./Rücker, M. (2013):

Praxisguide Strategischer Einkauf, Know-how, Tools und Techniken für den globalen Beschaffer, Eschenburg und Braunsfeld 2013.

Wicharz, R. (2015)   Strategie: Ausrichtung von Unternehmen auf die Erfolgslogik ihrer Industrie, Unternehmensstrategie – Geschäftsfeldstrategie – Konzernstrategie, Köln 2015.

Wiskot, G., (2009):   Götter, Handys und Geschäfte – Wirtschaftsstandort Indien, 1. Aufl., Karlsruhe, Info Verlag (2009)

Zotz V. (2009):   Die neue Wirtschaftsmacht am Ganges: Strategien für langfristigen Erfolg in Indien, Münchner Verlagsgruppe GmbH, 2009.

Internetquellen:

Bentz V. (2019):   Strategische Frage: Wie mit der steigenden Komplexität in der IT umgehen?, https://www.brandmauer.de/blog/it-strategie/strategische-frage-wie-mit-der-steigenden-komplexitaet-in-der-it-umgehen, Zugriff am 13.01.2021

Bundeszentrale für politische Bildung (2014):
Indiens IT-Industrie, https://www.bpb.de/internationales/asien/indien/189895/in diens-it-industrie, Zugriff am: 02.01.2021

Boston-Consulting Group, Grebe M. (2014):
6 Tipps gegen die Komplexität, https://www.computerwoche.de/a/6-tipps-gegen-die-komplexitaet,2535642, Zugriff am 13.01.2021

Bundeszentrale für politische Bildung (2014):
Die unabhängige Republik Indien, (https://www.bpb.de/internationales/asien/indien/44407/ge schichte-ab-1947), Zugriff am 30.12.2020

Daxx (2020):   Was ist Outsourcing? Verschiedene IT Outsourcing Arten, Modelle, Vorteile, Nachteile, und Outsourcing Beispiele https://www.daxx.com/de/blog/entwicklungstrends/was-ist-outsourcing-vorteile-nachteile, Zugriff am: 15.01.21

Der Informationsdienst des Instituts der deutschen Wirtschaft (2018):
MINT-Lücke auf Rekordhoch, https://www.iwd.de/artikel/mint-luecke-auf-rekordhoch-388861/, Zugriff am 25.12.2020

Destatis, Statistisches Bundesamt:
Verlagerung wirtschaftlicher Aktivitäten, Verlagerungsmotive, Verlagerungsmotive - Statistisches Bundesamt (destatis.de), Zugriff am: 27.12.2021

Deutschlandfunk (2017):   Schwieriger Standort mit großem Potenzial, (https://www.deutschlandfunk.de/deutsche-investoren-in-indien-schwieriger-standort-mit.1773.de.html?dram:article_id=387175), Zugriff am 30.12.2020

Dr. Peter Haric (2020):   Gewinnmaximierung,

https://wirtschaftslexikon.gabler.de/definition/gewinnmaxi
mierung-34434, Zugriff am 10.01.21

Dr. Joachim Betz (2007):   Epochen der indischen Geschichte bis 1947,
                               (https://www.bpb.de/internationales/asien/indien/44384/ge
                               schichte-bis-1947?p=all), Zugriff am 30.12.2020

Gehalt.de (2020):   Was verdient eigentlich ein Softwareentwickler/-in?,
                               (https://www.gehalt.de/beruf/softwareentwickler-
                               softwareentwicklerin), Zugriff am 31.12.2020

Handelsblatt (2020):   Rund 20.000 offene Stellen für IT-Fachkräfte: Die Branche
                               boomt auch in Coronazeiten
                               (www.handelsblatt.com/politik/deutschland/digitalisierung-
                               rund-20-000-offene-stellen-fuer-it-fachkraefte-die-
                               branche-boomt-auch-in-
                               coronazeiten/26740070.html?ticket=ST-4413891-
                               6uarp7EqfOIlg3GcUOku-ap5), Zugriff am 14.01.2021

Indische-wirtschaft.de (2013): Kulturelle Unterschiede = kulturelle Stärken,
                               (https://www.indische-
                               wirtschaft.de/index.php/2013/04/30/kulturelle-
                               unterschiede-kulturelle-starken/), Zugriff am 31.12.2020

Institut der deutschen Wirtschaft Köln (2016):
                               Industrielle Arbeitskosten im internationalen Vergleich, S.
                               4, IW-Trends_2016-03-03_industrielle_Arbeitskosten.pdf
                               (iwkoeln.de), Zugriff am 01.01.2021

Kompetenzzentrum Öffentliche IT (2019):
                               Deutschland-Index der Digitalisierung 2019,
                               (https://www.oeffentliche-
                               it.de/publikationen?doc=95167&title=Deutschland-
                               Index+der+Digitalisierung+2019), Zugriff am 29.12.2020

Laenderdaten.info (2019).:   Durchschnittliches Einkommen weltweit,
                               (https://www.laenderdaten.info/durchschnittseinkommen.p
                               hp), Zugriff am 30.12.2020

Prof. Dr. Dietmar Rothermund (Universität Heidelberg):
                               Die Liberalisierung Indiens, (https://www.uni-
                               heidelberg.de/uni/presse/RuCa3_96/rotherm.htm), Zugriff
                               am 28.12.2020

Ramya Boddupalli (2018):   Die diversifizierten deutsch-indischen
                               Wirtschaftsbeziehungen, (https://www.india-

	briefing.com/news/die-diversifizierten-deutsch-indischen-wirtschaftsbeziehungen-produktion-kmu-startups-16874.html), Zugriff am 30.12.2020
Statista (2020a):	Indien: Bruttoinlandsprodukt (BIP) in jeweiligen Preisen von 1980 bis 2019 und Prognosen bis 2025, (https://printkr.hs-niederrhein.de:2066/statistik/daten/studie/19369/umfrage/bruttoinlandsprodukt-in-indien/), Zugriff am 28.12.2020
Statista (2020b):	Die 20 Länder mit der größten Einwohnerzahl im Jahr 2019, (https://de.statista.com/statistik/daten/studie/1722/umfrage/bevoelkerungsreichste-laender-der-welt/), Zugriff am 28.12.2020
Statista (2020):	Statistiken zu IT-Services, Statistiken zu IT-Services | Statista, Zugriff am 21.12.2020
Statista (2019a):	Indien: Gesamtbevölkerung von 1980 bis 2013 und Prognosen bis 2025, (https://printkr.hs-niederrhein.de:2066/statistik/daten/studie/19326/umfrage/gesamtbevoelkerung-in-indien/), Zugriff am 29.12.2020
Statista (2019b):	Importwert von IT-Services in Deutschland von 2002 bis 2019, IT-Services - Importwert Deutschland bis 2019 | Statista, Zugriff am: 21.12.2020
Statista (2019c):	Exportwert von IT-Services in Deutschland von 2002 bis 2019, IT-Services - Export aus Deutschland bis 2019 | Statista, Zugriff am: 21.12.2020
Statista (2019d):	Indien: Wachstum des realen Bruttoinlandsprodukts (BIP) von 1980 bis 2020 und Prognosen bis 2025, Indien - Wachstum des Bruttoinlandsprodukts (BIP) bis 2025 | Statista, Zugriff am: 03.01.2021
Statista (2019e):	Prognose zu den 20 Ländern mit dem größten Bruttoinlandsprodukt (BIP) in den Jahren 2030 und 2050, Prognose zu den Ländern mit dem größten Bruttoinlandsprodukt (BIP) 2030 und 2050 | Statista, Zugriff am: 03.01.2021

Statista (2014):	Umsatz der Call Center in Indien von 2008 bis 2012 und Prognose bis zum Jahr 2018, (https://de.statista.com/prognosen/353522/call-center-in-indien--umsatzprognose#professional), Zugriff am 30.12.2020
Thattil S. (2019):	Durchschnittseinkommen in Indien: wie hoch sind diese?, (https://www.yuhiro.de/durchschnittseinkommen-in-indien-wie-hoch-sind-diese/), Zugriff am 31.12.2020
Thattil S. (2018):	Was ist ein IT Dienstleister?, https://www.yuhiro.de/was-ist-ein-it-dienstleister/, Zugriff am 13.01.2021
Wamser-Batra (2015):	Indien Import: Besonderheiten am Beschaffungsmarkt, Indien Import: Besonderheiten am Beschaffungsmarkt Indien (wamser-batra.de), Zugriff am 20.12.2020
Westdeutsche-Zeitung (2019):	Digitalisierungs-Index zeigt, wo Deutschland steht,(https://www.wz.de/wirtschaft/digitalisierungs-index-zeigt-wo-deutschland-steht_aid-37453319), Zugriff am 29.12.2020
Gabler Wirtschaftslexikon (2020):	Best Practice, https://wirtschaftslexikon.gabler.de/definition/best-practice-31291, Zugriff am 14.01.2021
Wirtschaftswissen.de (2019):	Umsatzsteigerung: Einkaufskosten senken und Gewinn steigern, (https://www.wirtschaftswissen.de/einkauf-produktion-logistik/einkaufsmanagement/lieferantenmanagement/so-erzielen-sie-mit-5-kostenersparnis-25-mehr-gewinn/), Zugriff am 31.12.2020
World Population Prospects (2019):	o.T.(https://population.un.org/wpp/), Zugriff am 29.12.2020
World Bank (2020):	Indien: Altersstruktur von 2009 bis 2019, (https://printkr.hs-niederrhein.de:2066/statistik/daten/studie/170740/umfrage/altersstruktur-in-indien/), Zugriff am 29.12.2020

BEI GRIN MACHT SICH IHR WISSEN BEZAHLT

- Wir veröffentlichen Ihre Hausarbeit,
  Bachelor- und Masterarbeit

- Ihr eigenes eBook und Buch -
  weltweit in allen wichtigen Shops

- Verdienen Sie an jedem Verkauf

Jetzt bei www.GRIN.com hochladen und kostenlos publizieren